die sommerzelte
abgebrochen
regenfahnen wehen
grau flutet das licht

komm wir fahren ans meer

www.tredition.de

Verlag: tredition GmbH, Hamburg

ISBN
Paperback: 978-3-7345-6916-6
Hardcover: 978-3-7345-6917-3
e-Book: 978-3-7345-6918-0

Printed in Germany

Ursula Gressmann

Wasser Wind und Wolken

Gedichte von Inseln und dem Meer

Ursula Gressmann

Wasser Wind und Wolken

Umschlagsbild: Vorderseite: Emma Gressmann
Rückseite: Monika Gressmann

Lektorat: Michael Gressmann

Für die Bereitstellung von Bildmaterial bedanke ich mich bei Lea, Hanna, Emma und Henry Gressmann.

Genre: Lyrik

Ursula Gressmann, geb. 1945 auf der Nordseeinsel Juist, hat dort 15 Jahre lang gelebt. Obwohl sie heute ihren Lebensmittelpunkt in Hessen gefunden hat, beeinflusste diese Zeit nachhaltig ihr Schreiben. Sie ist Mitglied im Verein der Schriftstellerinnen und Künstlerinnen, dem Autorenkreis der ostfriesischen Autoren und im Schrieverkring Weser-Ems. Weitere Veröffentlichungen in Anthologien und Literaturzeitschriften.

Inhalt

Den Elementen ausgesetzt, verändern die Inseln ständig ihre äußere Form. Der Wind braust, Wellen schlagen ans Ufer und Wolken ziehen darüber hin.

Wir schlendern den Strand entlang, hängen unseren Gedanken nach. Wünsche und Sehnsüchte werden aufgegeben, erwachen erneut. So beginnt die Liebe zum Meer, die sich in diesen Gedichten und Bildern wiederfinden lässt.

Inhaltsverzeichnis

Prolog

Gleichgültig blicken die gelben Augen der Möwen, unbeteiligt am Leben der Menschen. Elegant segeln sie auf kühlen Luftströmungen, lassen sich nieder, trippeln am Spülsaum entlang, schrill klagend, auf der Jagd nach Beute und nach Nahrung. Wählerisch sind sie nicht.

Möwen sind kaum zu zähmen, schließen sich dem Menschen nicht als Gefährten an. Zumindest gelingt es nicht, über das seidige Gefieder zu streichen. Sie lassen sich allerdings schnell mit Futter anlocken und vielleicht sogar an einen bestimmten Rhythmus gewöhnen.

Möwen sind Allesfresser und blitzschnell entdecken sie in futterknappen Zeiten Nahrungsquellen. Ihre scharfen Magensäfte zersetzen nahezu alles.

Im Spätherbst und im Winter kann man ab und zu ein großartiges Bild am Strand sehen: Hunderte Möwen picken dort Muscheln auf und fressen das Muscheltier darin. Zumeist sind es Messermuscheln, die von der Strömung zu Tausenden an Land getragen werden.

Angeblich kann man Möwen nicht essen, weil sie so tranig schmecken. Aber die Geschmäcker sind ja verschieden und vielleicht kommt es einfach auf die richtige Zubereitung an.

sonnenaufgang

wellen überschlagen sich
dunst liegt über dem meer

der horizont ein dunkles wolkenband
leuchtendes rot an den rändern

bis sich die sonne daraus befreit
aufsteigt den himmel entzündet

schwarz gezeichnet im gegenlicht möwen
schatten auf tang und muschelresten

kühl ist die luft riecht salzig grün
nach abschied

morgens

sacht hebt sich der nebel wind verbläst den sand
weht hinweg über muschelschalen und tangstreifen
grenzenlos taucht der strand auf im morgenlicht
strandhafer bettet sich zerzaust an den dünenrand
leer ist der himmel bis vogelschwingen das grau zerteilen

möwen kreischen

am meer

weit draußen weißgezackt
gegen den horizont
durchreiten schiffe das meer

algenüberzogen liegen planken
an der wasserkante
salzgetränkt und weiß gebleicht

am himmel ein heer sich jagender wolken
möwen dazwischen wie silberne pfeile
strandhafer schmiegt sich in die umarmung des windes

abends

der wind ist eingeschlafen
golden liegt das sonnenlicht
noch über dünentälern

weit entfernt seevogelgekreisch
leise gluckert wasser in den prielen

abschied vom meer

wellen rollen aus
auf dem verlassenen strand
die sanddünen
vom wind modellierte wüstenlandschaften
begrenzen die weite
und zur melodie des meeres
höre ich den chor der nixen singen

versprechen

ich gleite tief ins meer hinunter
tauche hinab zu den phosphorfischen

sanft wiegen mich die wellen
heben mich wieder empor

nachher werde ich dich küssen
noch salz auf den lippen

der wattwurm

das leben eines wattwurmes
ist vorwiegend grau
da ich kein wattwurm bin
versuche ich mein leben
bunt zu gestalten

nicht immer gelingen mir
regenbogenfarben
aber pastell das schaffe ich

meistens

erinnerung

das meer trägt die erinnerung
an den sommer
an dich
an die farbe deiner augen
an dieses graue blau
in sich

augenblicke die ich behüte
wie ein kostbares schmuckstück

sturm

gespensterpferde im meer
bäumen sich auf im wilden wellentosen
sinken auf den meeresgrund
steigen erneut auf

wolken jagen über mir dahin
schiffe weit draußen ächzen und stöhnen
der sturm zerrt an mir
sandkörner tanzen empor

ich lache in dein wildes gesicht
sturm küsst mich

ein tag am meer

gewebt aus himmel und sonnenschein
ist dieser eine tag

weit draußen auf dem meer
bläht sich ein weißes segel

gespiegelt im blau jagen möwen
die schnabelklingen gezückt

stürzen sie pfeilschnell hinab
zu den schimmernden fischleibern ins dunkel

auf den salzwiesen

immer weht der wind
trocken raschelt riedgras und
durchdringend schreien die seevögel
bleifarben durchschneiden priele das grün
schlick schmatzt und blubbert an ihren rändern

braune pferde wiehern stampfen und jagen dahin
mit wehenden mähnen und schweifen
dünenreste abgerissen vom wasser
bilden einen weißen saum
einsam verlieren sich fußspuren
enden im nichts

seenebel

nebelbänke erheben sich
drängen zum ufer verdecken die sicht
heute tanzen neptuns töchter in den wellen
perlenbesetzte schleier im grünlockigen haar

ich hebe eine wellhornschnecke auf
schmecke das salz im muschelohr
lausche den gesängen des meeres darin

der wind frischt auf und vertreibt den nebel
neptuns töchter versinken
tauchen hinab zu den tritonen

die insel

glatt gekämmt das dünenhaar
streift sie ein kleid aus licht
über den schlanken leib
die insel liegt einfach da
mitten im meer und
wartet auf den sommer

glasig grüne wellenberge
rollen schaumbedeckt heran
benetzen ihre ufer
seenebel der weich
den horizont verdeckt
wird fortgeweht vom stetigen wind
der die weißen möwen wiegt
über meer und strand

vergessene inseln

nicht erkennbar
wo der himmel endet
und das meer beginnt

wind gelegte muster
aus muscheln und sand
bedecken den strand

ein unendlich scheinender raum
durchdrungen von schatten
fluträder vergessener inseln

aus dem dämmerdunkel
stürzen möwen herab
weißgewandete geisterschar

klagen sie wie verlorene seelen
über den wassergespenstern
mit ihren bleichen armen

sehnsucht

ich träume jede nacht vom meer
und dem weißen strand
die zeit steht still
und ich spüre feingemahlenen muschelsand
wie puder auf meiner haut
höre die warnenden rufe der austernfischer

dann erwache ich und sehe den morgennebel
der die zweige der apfelbäume fast verdeckt
draußen vor meinem fenster

meeresleuchten

manchmal
in warmen sommernächten
leuchtet das meer
wenn sich die wellen brechen
funkeln diamanten
verzaubert gleiten wir dann im meer dahin
silberübergossen geheimnisvollen lebewesen gleich

im ersten licht des tages
verlieren meer und haut den glanz
doch uns bleibt die erinnerung

heimweh

warte auf mich
nimm mich mit

nimm mich mit nach hamburg
oder einer anderen stadt am meer gelegen
das wasser fehlt mir
der geruch nach salz und schlick
die möwen mit ihren abenteuerliedern

wind den spüre ich hier kaum
ich brauche sturm
der mir die haare zerzaust
und tränen in die augen treibt

warte auf mich
nimm mich mit

heute

wellenzungen lecken
an der wasserkante und
heiser rufen bojen vom meer her
meine fragen
deine antworten
vom wind verweht

ungehört

wotan reitet

in der takelage pfeift der wind
und die wandten stöhnen
wotan reitet durch die wolken

das meer braust und schäumt
weiß weht gischt über den strand
schwach leuchtet der sand in der dunkelheit

grün bis auf den grund rollen wogen heran
donner grollt und mit blendend weißem lichtschein
zerreißen blitze den himmel über dem meer

entlang der wasserkante

unter schritten knirscht zersplittertes
die abdrücke hinterlassen
sich mit wasser füllen
übergang von fest zu weich
diffuse formen nicht auszumachen
angeschwemmtes
sandverwehungen in höhlungen
möwen wissen darum
zerreißen scharfschnäblig lebendes
gilpen spreizen die flügel
erheben sich widerstrebend
treiben davon
salzzungen lecken saugen reste
hinaus ins meer
zehen graben sich ein
leichtes ziehen bis hinauf ins herz
weit draußen horizontvernäht
schiffe weiß auf grau

geräusche

nur wenige hören den gesang der wale
in den tiefen der ozeane
den lautlosen kampf der fische im netz
das wispern der salamander unter den steinen
spinnen die flüsternd geschichten
erzählen von lautlosem tod

nur der goldköcherwurm lächelt still im schlaf
weil aphrodite die seemaus ein liebeslied für ihn singt

helgoland

ein roter felsen mitten im meer mit häusern
die sich ducken klein machen schutz suchen

lange dünne finger die hineingreifen in salziges
den grund aufrauhen abtasten hineinschlüpfen

festhalten am schwarzen seegrasmatten halt geben
weißgebleichtes tragen und weit draußen bojen

im gezeitenstrom wegweiser für vagabundenseelen
ehe der ebbstrom einsetzt umschäumtes freigibt

weit weg

presse ich die welllhornschnecke
an mein ohr
höre ich das meer darin rauschen
schmecke salz
sehe schäumende wogen
höre möwengekreisch und
der wind braust über dem meer
trägt mein herz davon

könnte ich doch mein herz einschließen
im innern der wellhornschnecke

zusammen

wind streicht durch das dünengras
möwen schreien segeln dahin über das meer
stürzen sich plötzlich herab und
weiß schäumend überschlagen sich die wellen

allein der himmel sieht uns zu
warm scheint die sonne
du hältst mich umfangen

wir sind glücklich

dunkelkeit

dunkel ist die nacht
kein sterneblinken
kein tröstlicher glanz am himmel
unsichtbar ist der mond
wolken jagen dahin

in langen wogen
beginnt die see zu wandern
sturm zieht auf die seevögel kreischen

schmerz bedrängt mein herz
mir ist kalt

gezeitenwende

bei ebbe weicht das wassser zurück
sandbänke tasten sich ins meer
mäandernde Wasserläufe bleiben zurück

strandgutgespenster
aus gebleichtem vogelgebein
werden sichtbar

austernfischer rotbestrumpft
und strandläufer klein und flink
trippeln am spülsaum entlang

lautlos gleiten möwen heran
und immer spürt man wind
den atem des meeres

seemannslied

grün sind die meereswogen
und aus der tiefe locken nixen
zwischen seeanemonen und tangfeldern
mit ihrem weißen schlanken leib

wandten schlagen
segel knattern
der sturm braust

am bug des schiffes der seemann seufzt
denkt an den hafen in amsterdam
mit seiner liebsten dort

wahrscheinlich ist sie gerade vergnügt
küsst längst einen anderen maat

wind

schutzsuchend vor dem stürmischen wind
ducken sich die strandkörbe
am dünenrand zusammen

möwen lassen sich tragen
gleiten pfeilschnell in den luftströmungen
unter den wolken dahin

neptun reitet auf seinen weißen wellenpferden
über das tosende meer

sturmnacht

wild tobt der sturm
schäumend jagen weiße berge heran
gierig lecken die wellen den strand sauber
reißen gefräßig am dünensaum

gellend kreischen die möwen
stürzen sich hinein ins gebrüll
weißflockig spritzt gischt empor
und der mond bleicher segler am himmel
leuchtet geisterhaft zwischen den wolken

schloss am meer

grau ist der himmel
die sonne verankert im nebel und fahl
an der flutkante ein schloss gebaut aus sand
in der umarmung endloser weite
strandgutgespenster wohnen darin

schiffbrüchiges ausgezehrt vom wind
vom sog der brandung mitgerissen
fortgespült

fern

hin und her springt der wind
lässt die schiffe auf dem meer tanzen
weht salzluft weit ins land

weckt erinnerungen an kühle wellen
die salzig über füße lecken
an möwen die dahingleiten ohne flügelschlag
getragen vom wind

andenken für meerferne zeiten

schlaflied

federn weiß gesträubt
unter grau gesprenkeltem
letztes wiegen
im kühlen windeshauch

gefaltet die großen schwingen
nachtgebet für verlorene seelen
im tiefen gelb der klaren augen
langsames sterben des lichtes

nachts am meer

windstill ist diese sternlose nacht
endlos der weiße strand
der horizont ein strich in der unendlichkeit

schwer atmet das meer und wassergeister seufzen
silberglänzend windet sich eine schlange aus mondlicht
durch das dunkel

nur ein lämpchen brennt mit sanftem schein
im dunklen winkel meines herzens

auf dem meer

stetig weht der wind
nordwestwind
der das grüne meer verdunkelt
mit den segeln tändelt
schiffe versenken spielt
mit brechenden masten

verschwimmen meer und horizont
kommt sturm auf brüllt
trägt die verlorenen seelen fort
nur das rauschen des meeres bleibt

panoramabild

strandhafer
silberstreif am dünenrand
weißer sand
graues meer
menschenleer

die häuser silhouetten
am horizont
mittendrin
der wasserturm

gedankenverloren weiter
am spülsaum entlang wandern
bis ans ende der sandbank

oder das ende der welt

gedanken

am horizont verschmelzen meer und himmel
wellen liebkosen den küstensaum und ruhelos
fliegen möwenscharen in blauer kühle
wehender sand macht mich blind

nur eine gewundene linie fußspuren
bleibt von mir zurück

strandgut

wellen rollen ans ufer
ein weißes band im grauen sand

ich lausche dem gemurmel der muscheln
dem wispern von krebsen
zwischen tang und schwemmholz

dazwischen glänzt bernstein golden im sonnenlicht
durchdringend schreien austernfischer und
leichtfüßig trippeln strandläufer vor mir her

ach könnte ich hoch oben mit dem wind segeln
mich von den luftströmungen wiegen lassen
wie die silbernen möwen

inselfrühling

weißbäuchig fliegen möwen über mir
ich lausche dem hellen kiwitt der kiebitze im watt
und sehe den gravitätisch schreitenden austernfischern zu

scheue goldgregenpfeifer brüten auf den wattwiesen
und sandastern leuchten auf dem heller
memmert die vogelinsel blinkt im graugrünen meer
leise ruft eine sumpfohreule in den dünen

sommer auf helgoland

sonnendurchglüht stahlblau
ist der wolkenlose himmel
grün zergeht der sommer auf dem oberland

auf den luftströmungen
zwischen den roten felsen
steigen
fallen
schweben

seevogelballett
möwengekreisch

drunten am strand zaubersteine
weiß und rot geädert
zarte spuren von käfern im sand

und draußen im meer singen die fische
lautlose lieder

inselsommer

wattflieder
bienengesumm
geruch nach salzwasser
und schlick

duftende apfelrosen
flinke strandläufer an spülsaum
und möwen
überall möwen
rotgoldene sonnenuntergänge
und in den dünen lerchengesang

endlich die seele ausatmen lassen
zur ruhe kommen

nächtlicher spaziergang am strand

tiefschwarz ist die nacht
sterne verblassen wie erlöschende kerzen
der schrei einer verirrten möwe verweht
irgendwohin
nirgendwohin
einsam wandere ich dem wind entgegen
weiß leuchten die schaumkronen der wellen
und ich lausche

lausche den geschichten die der wind
aus weiter ferne mit sich trägt

inselherbst

der wattflieder duftet noch und in der mittagssonne
summen die wilden bienen in den dünentälern
am goldfischteisch stolzieren fasanen umher
goldbraun im samtenen federkleid
auf wattwiesen schnauben müde pferde
zugvögel rasten am rande der dünen

bis der herbstwind kommt und sie davontreibt
am strand die schlösser und burgen aus sand

im sommer am meer

dünen lassen sich
vom wind umarmen

schleier aus feinstem sand gewebt
wehen über den strand

glasgrün im sonnenlicht
zartbespitzt mit weiß brechen die wellen
ich spüre den meeresatem

muschelhörner dröhnen
salzig ist meine haut und
sommerdurchglüht meine herz

sommertraum

die schiffe schlafen im hafen
das meer träumt im sonnenschein

von silbrigen fischen
zartgliedrigen nixen

leise singen takelagen
fern hört man seevögel

wellen flüstern und raunen
seenebel steigt auf

meerkühl ist dein mund und ich schmecke salz

herbstlich

möwen fliegen
mit aufgefächerten flügelspitzen
über dem meer

sandwogen
vorwärtsgepeitscht vom sturm
schlagen an den dünensaum

fern die menschen
verloren wer hier umherirrt
allein

im november

dieser gestreifte himmel über der insel
an einem nachmittag im november
gelb – grau und dazwischen helles blau
sanddorn leuchtet dazu goldrot in den dünen

das meer rauscht
sturmmöwen kreischen
klitzeklein huschen strandläufer am spülsaum entlang
zwischen muscheln und tang

am hafen das seezeichen bläht sich auf
als bliese der wind hinein und gleich schlüge es um
vielleicht nach rechts
und dann segeln wir damit hinaus aufs meer

herbststurm

poseidon rast
türmt wellen auf zu bergen
die tausendfach zerbersten
alles mitreißen
und die möwen lachen und kreischen
davongetragen vom sturm

bis der horizont leer wird

auf der insel hat es geschneit

der wind verbläst den schnee
alles grau ist mit weiß verziert
schneebedeckt stehen räder
am straßenrand wie schneeskulpturen

dicke flocken fallen
glänzen auf im laternenlicht

kinder bauen schneemänner und schneefrauen
rollen schneebälle für eine schneeballschlacht

wenn es ganz dunkel geworden ist

winterliche insel

verwaist der hafen
platinglanz des eises
netzhaut tätowierte

frostig ist die umarmung des winters

ostwind zaust das dünengras
dazwischen letzte sanddornbeeren
gelbrot im grau

am spülsaum knirscht eis
wälle türmen sich auf
eine einsame fußspur am strand

schneeverweht

wintertag im wattenmeer

klarer schöner wintermorgen
grau – rosa das licht
reif auf trockenen gräsern
filigranes geraschel

platinglanz auf dem wattenmeer

im winter am strand

auf wellenrippen tanzt eis
flüstert und raschelt
das meer leckt mit spiegelzungen am ufer

filigrane sandskulpturen werfen blaue schatten
endlose weite sandverweht
ein magischer ort

strandläufer perlen am spülsaum entlang
hinterlassen fein ziselierte spuren im schnee

meeresatem haucht eisig

es hat geschneit

schneebedeckt stehen räder am straßenrand
wie schneeskulpturen

der wind verbläst den schnee überallhin
verdeckt alles grau

dicke flocken fallen
glänzen auf im licht

kinder bauen schneemänner und schneefrauen
rollen schneebälle für die schneeballschlacht

später im licht der laterne

inseln im winter

dieses umspültsein vom meer
auf einer insel
im kühlen wintergrau

leere strandpromenaden
verwaiste strände
leergefegt

traumskelette aus vogelknochen und federn
zwischen den tanzenden sandkörnern
bleiben zurück

das meer rauscht und im wilden wellentosen
höre ich nautilusgesänge

zauber der nacht

aus seiner wolkenhülle
späht vorsichtig der mond hervor
lautlos gleitet ein weißer seerabe dahin
das licht der sterne pulsiert
und die tochter neptuns seufzt

mir singt das meer mit seiner leisen stimme
ein schlummerlied

eisige zeiten

grau verhangen der himmel
eingeschlossen vom eis
schläft die insel

zwischen starren halmen
und gepflasterten wegen
grast unbeweglich
eine herde gepäckkarren
nahe dem anleger

im eisigen ostwind wehen
fahnen am hafen
nur der leuchtturm hält wacht

wie immer

möwenflug

möwen fliegen im regen
im sturm und sonnenschein

ihr gefieder glänzt
und die augen hell und gelb

wolkenlieder

wolkenlied I

an sonnigen tagen
über mir zuckerwattewolken
flüchtige schichten gekräuselt
wie zarte weiße schäfchen
die auf blauen wiesen grasen
zwischen himmel und erde

ich lausche den leisen tönen
der wolkenharfe und
ein perlmuttfarbenes lächeln
schenkt der himmel mir

wolkenlied II

weiße luftkuppeln zerfallen
wolkenstraßen erscheinen
die zum himmel hinein führen
ich baue mir luftschlösser im blau
mit türmen und fenstern
in jeder minute veränderlich flüchtig

thermik trägt den adler hoch hinauf
zwischen die wolken
und später leuchtet
bläulich im weichen dämmerlicht
die corona des mondes

wolkenlied III

ich weiß nicht mehr
wo sich die sonne befindet
umwölkt der himmelsblick
bläuliches dunkel hinter
ausgefransten wolkenschleppen
regengeister klettern empor

zwischen dunklen bergen
leuchten einzeln blaue himmelsscherben

wolkenlied IV

einschlafen
auf bauschigen wolkenkissen
in wolkenstapfen treten
die zum himmel führen
skywalker zur sonnne

und frigga spinnt lange wolkennetze
verziert mit zarten ranken
zirruswolken hellweiße eisfetzen
die entschweben
wankelmütig wie wolken sind

Epilog

Heiser schreien Seevögel. Warm scheint die Sonne, der Wind weht sacht. Langsam gleitet ein weißes Boot in den Segelhafen der Insel Juist.

Ich gehe die Seebrücke entlang und steige die Treppen zum Seezeichen hoch. Bis ganz nach oben klettere ich, bis es nicht mehr weitergeht. Von hier aus beobachte ich die schwarzen Kormorane, wie sie auf den Stegen verharren, sich mit den großen Flügeln Luft zufächeln. Neben ihnen stoßen blitzschnell Möwen herab. Zielsicher hacken ihre scharfen Schnäbel. Taschenkrebse haben sie erbeutet.

Schön ist es hier, aber nun lockt mich der Strand. Ich möchte feinen weißen Sand unter meinen Füßen spüren und mache mich auf den Weg. Spaziere durch die lebendige, von Menschen erfüllte Dorfmitte, die Strandstraße hinauf, zum weißen Kurhaus und hinunter an den Strand.

Am Meer angekommen, knirschen Muschelreste unter meinen Füßen. Neben mir, in den warmen Prielen, bangen Einsiedlerkrebse um ihr Leben. Ihr Haus ist zu klein geworden und sie müssen es verlassen. Langsam schaukeln Silbermöwen auf den Wellen. Blitzschnell schnappen sie nach der schutzlosen Beute. Holzreste, filigrane Knochen einstiger Vogelskelette und in der Sonne leuchtende, vom Sand abgeschliffene Glasscherben, liegen am Spülsaum. Sie warten auf die nächste Flut, die sie wieder davonträgt, an eine andere Küste, einen anderen Strand.

Zeitfracht Medien GmbH
Ferdinand-Jühlke-Straße 7
99095 Erfurt, Deutschland
produktsicherheit@kolibri360.de